W0285381

METİN TURAN

MEERE BEWEINENDE ROMEO

ürün yayınları

2011

Türkçe İlk Basım : Mart 2005
Türkçe-Almanca İlk Basım: Nisan 2009
Türkçe-Almanca İkinci Basım: Kasım 2011

ISBN 975-7145-77-7

MEERE BEWEINENDE ROMEO/ ***Metin Turan***

Übersetzung : ***Nuray Lale***
Redaksiyon : ***Selda Özdil***

ürün yayınları
Yönetim Yeri ve Yazışma
Konur Sokak 36/13, Kızılay-Ankara
Tel: (312) 425 39 20 Fax: (312) 417 57 23
Kapak Düzeni : Suat Şahin
e-posta: urunyayinlari@gmail.com

www.urunyayinlari.com

® Ürün yayınları, bir Uluslararası Eğitim, Öğretim Ltd. Şti. kuruluşudur.

Baskı&Cilt: Başkent Klişe - Matbaacılık, Bayındır Sk. 30/C Ankara

METİN TURAN

MEERE BEWEINENDE ROMEO

ürün yayınları

Metin Turan
metturan@gmail.com

Geboren in Kars-Kağızman/Türkei (1966).

Seine Werke wurden in verschiedenen Literaturzeitschriften, wie *Somut, Oluşum, Yarın, Günümüzde Kitaplar, Yeni Sanat, Sanat Rehberi, Yeni Şiir, Varlık, Cumhuriyet Kitap, İmece, Özgür Gelecek, Erde, Damar, Berfin Bahar, Edebiyat ve Eleştiri, Folklor, Türk Folkloru, ODTÜ Halkbilim, Littera, Kül Öykü, Kebikeç, Sincan İstasyon, Gösteri* und *Turnalar* veröffentlicht.

Bei Zeitschriftenverlagen wie *İmece* und *Yeni Şiir* wirkte er als leitender Herausgeber.

Als Inhaber leistete er seinen Beitrag für *Sanat Hareketi, Promete, Sendika, Anadolu Ekini, Ürün, Mecaz* und *Praksis.*

Sein Gedicht Şehr-i Edirne gewann in der Republik Mazedonien den türkischen Lyrik-Preis des Çalıklı Frühjahrsfestivals (Çalıklı Bahar Şenlikleri Türk Dünyası Şiir Birincilik Ödülü) und sein Buch *Suları Islatan Mecnun* gewann den Ruflen Hakkı Lyrik-Preis (Ruşen Hakkı Şiir Birincilik Ödülü).

Seine Gedichte wurden in folgende Sprachen übersetzt:
Arabisch, Deutsch, Polnisch, Rumänisch, Ukrainisch, Russisch.

2005 wurde sein Werk **Suları Islatan Mecnun** als Buch ins Ukrainische und Aserbaidschanische übersetzt und in der Ukraine und in Aserbaidschan veröffentlicht.

Neben seinen Forschungen und Studien über die Türkische Literatur veröffentlichte er ein weiteres Buch: SOKAKLAR KENTLER ÜLKELER (2007).

*

Seit 1994 ist er Chefredakteur der Zeitschrift ***Folklor/Edebiyat,*** die Themen wie Folklore, Anthropologie, Soziologie, Geschichte, Musik und Literatur beinhaltet.

aynı kentte doğmak isterdim hep
aynı kentte yaşamak seninle
ölmemek aynı kentte

In der selben Stadt wünschte ich mir,
Geboren zu sein mit dir
Zu leben mit dir, in der selben Stadt
Nicht zu sterben in der selben Stadt

GÖZLERİNDEN YAKALADIM SENİ

hüznümü sevince döndüren
leylak rengi bir güneşti yüzün
gerdanından yakaladım seni
taş merdivenleri döndükçe yürüyüşünden

saçının rüzgarından yakaladım seni
yolculuğu gölge kılıp günüme
çıkıp gitmenden yakaladım seni

bayram açar ya yeryüzü
yüzün yüzüme değer gibi
elinden yakaladım seni

gözlerinden yakaladım seni
mermeri eriten
sesinin yalımından

şimdi bir başka kıtada sen
yalnızlığını büyüten başka bir kıtada ben
ömrümden yakaladım seni...

VON DEINEN AUGEN
HABE ICH DICH ERFASST

Dein Gesicht war eine Lila farbene Sonne,
Die meine Trauer in Freude umwandelte
Von deinem Hals habe ich dich erfasst
Von den Umdrehungen auf der Steintreppe, von deinem Gang...

Von dem Wind an deinen Haaren habe ich dich erfasst
Von der Reise, die meinen Tag überschattete
Von jenem Verlassen habe ich dich erfasst...

Festlich kleidet sich ja manchmal die Erde
Habe ich dich von deinen Händen erfasst
Als ob dein Gesicht mein Gesicht berühre

Von deinen Augen habe ich dich erfasst
Von der Flamme deiner Stimme
Die den Marmor schmelzen läßt...

Nun auf einem anderen Kontinent lebst Du
Und ich vergrössere auf einem anderen Kontinent meine
Einsamkeit
Von meiner Lebenszeit habe ich dich erfasst...

YALNIZLIĞIMI DA YİTİRDİM

gittin, öksüz deltasına gömüldü ömrüm
yalnızlığımı da yitirdim / suyunu çekti ırmağım
içimin denizi küstü, yıkıldı bütün limanları
tattığım zehirle büyüyorum şimdi
ne garip, ölümsüz bir çiçek açıyor
yanıbaşımda.

seni öptükçe bir ankara ıslanıyor
mevsimini değiştiriyor ağustos
istanbul fırtınaya tutuluyor
gözlerinin gölgesine sığınıyor / bin elif büyüyor sesim
en yeni elbiseleriyle bayramlık gülüyor çocuklar.

AUCH MEINE EINSAMKEIT VERLOR ICH

Du bist gegangen, mein Leben war begraben
In einem Waisen Delta
Habe auch meine Einsamkeit verloren /
                    Das Wasser zog sich aus meinem Fluss
Das Meer meines Inneren war beleidigt,
                    all' meine Häfen stürzten ein
Ich wachse nun mit dem Gift, das ich mal auskostete
Wie merkwürdig, eine unsterbliche Blume blüht nun
An meiner Seite...

Ankara wird durchnässt bei jedem Kuss
Der August ändert seine Jahreszeit
Istanbul wird vom Sturm erfasst
Ich flüchte in den Schatten deiner Augen /
                    tausendfach wächst meine Stimme
Mit ihren neuesten Festkleidern lächeln die Kinder.

ah asiye! sen beni öpünce o deniz ülkesinde
tenine değen tuz yeli çoğalıyor başka kadınların
gözkapaklarını perdeliyor genç kızlar
sen beni öpünce
sayıklamaktan korkmadığım adın geliyor aklıma...

gelsen şimdi, o sevinç rüzgarı gözlerinle
süzülsen odama
çiçeklenir evrenim
yanaklarına dökülen saçların uzanır bir ırmak boyu
bir okyanus boyu sevinir çocuklar.

Ach, Asiye! Wenn du mich in dem Land der Meere küßtest
Vermehrt sich der Salzwind auf der Haut anderer Frauen
Junge Mädchen schließen ihre Augenlider zu
Wenn du mich küsst
Dein Name kommt mir in den Sinn, den ich ohne Furcht erträume.

Wenn du jetzt kämest, mit dem Wind aus Freude in deinen Augen
Majestätisch vorbeigleitend in mein Zimmer
Würde meine Welt erblühen
Deine Haare, die auf die Wangen fallen,
Würden wachsen in der Länge eines Flusses
Ozeane entlang würden sich die Kinder erfreuen.

HİÇBİR ŞEY GÖRÜNDÜĞÜ GİBİ DEĞİL

hiçbir şey göründüğü gibi değil
yeşil yeşilliğini yitirmiş, sarı sarılığını
kirli bir renge dönüşmüş çiçekler
kendini alkışlamaktan bıkmayan babalar
hangi takım gol atsa / yorulmaz amigo
kuaför aynalarına sığmıyor anneler.

göründüğü gibi değil hiçbir şey
kopyede yakaladığı öğrencisiyle değiştiriyor hayatını
sisteme küfredip test sorusu pazarlıyor öğretmenler
dersane önlerinde tükeniyor ilkgençliği ülkemin
hangi bulvarı yürüsem hortumlanmış bankalar
piyango biletleriyle gömütünü kazıyor memleket

NICHTS IST WIE ES SCHEINT

Nichts ist wie es scheint
Das Grüne hat sein grün, das Gelbe hat sein gelb verloren
Die Blumen haben eine dreckige Farbe bekommen
Väter, die stets sich selbst applaudieren
Egal, welche Mannschaft ein Tor schießt / unermüdliche Amigos
Und die Mütter passen nicht in die Spiegeln der
Frisiersalons.

Nichts ist wie es scheint
Was sagt man dem Lehrer, der sein Leben mit dem
Schüler austauscht
Den er beim abschreiben erwischt hat
Schimpfend auf das System vermarktet er Testfragen
Vor den Toren der Privatschulen wird die
Jugend meiner Heimat verbraucht
Welchen Boulevard ich auch entlang gehe, entleerte
Banken zu sehen
In Lottoscheinen begräbt sich das Land.

hiçbir şey göründüğü gibi değil
aklın darası çökmüş kalbin durağı yok
yalan erdeme dönüşmüş kalpazanlar diyarında
sevi okur kahve artıklarında /
fala bakar gencecik kızlar
fala bakar gibi aşka
fala bakar gibi hayata

ormanı en çok marangozlar seviyor
şimdi bir de borç batağı maliyeciler
bir ömür kalas istiflemekten bıkmamışlar en çok

göründüğü gibi değil hiçbir şey
herkes kendi denizinin korsanı olmaktan gururlu
bahtiyar ne yazık batırdığı gemileri sayıklamaktan

Nichts ist wie es scheint
Das Dach des Verstandes ist eingestürzt, und das Herz hat keine
Haltestelle mehr
Die Lüge ist in Tugend verwandelt in den Quartieren der Schwindler
und Gauner
Die Liebe wird im Kaffesatz verlesen
Junge Mädchen üben sich im Wahrsagen
Betrachtend die Liebe wie die Wahrsagerei
Betrachtend das Leben wie die Wahrsagerei

Den Wald mögen am meisten die Schreiner
Neuerdings auch die im Schuldensumpf versinkenden
Finanzbeamten
Ein leben lang nicht ermüdet von Geldtreiberei

Nichts ist wie es scheint
Jeder ist stolz darauf Pirate auf seinem eigenem Meer zu sein
Und glücklich darüber, wie viele Schiffe er versunken hat

göründüğü gibi değil hiçbir şey
sivil elbiseler içinde üniforma dolaşıyor sokaklarda
resmi geçitte gibi yalıyor dondurmasını çocuklar
ayrıcalıklı plakalarıyla
karbonmonoksit zengini memleket
saç-başa kavga edenlerden korkup
elele tutuşanları gözetliyor devriye

kim dinlese sırtımı ateşli bir hastalıktan sözediyor
sevgi yetimi bir ülkenin çocuğu olduğumu unutup
ilaç firmalarını zenginleştiriyor

hiçbir şey göründüğü gibi değil
adım aklımı şaşırtıyor.

Nichts ist wie es scheint
Wen ich auch sehe, richtet sich der Blick auf die
Sterne auf meiner Uniform
Ahnungslos von dem Mann, der unter meinem Hut steckt.

Nichts ist wie es scheint
In den Strassen wandern Uniforme in Zivilkleidung
Und die Kinder lecken ihren Eis, als wären sie auf einer offiziellen
Parade
An Karbonmonoksit reiches land
Mit vorgezogenen Kennzeichen
Die Streife läßt aus Angst die in die Haare geratenden Streitenden
Und beobachtet die, die Hand in Hand gehen.

Nichts ist wie es scheint
Wer sich meinen Rücken anhört, spricht von einer fiebrigen
Erkrankung
Arzneifirmen bereichen sich daran,
Dass ich das Kind eines an Liebe verarmten Landes bin

Nichts ist wie es scheint
Mein Name verwirrt meinen Verstand.

İLACINI YİTİREN ECZANE

Sevgili Ecz. Olcay Seles'in anısına...

ülkem alkışla uğurladığı canlarıyla ayakta
ülkem genç ölüleriyle yasta

aydınlık bir pencereden görünmek
kolay mı sanırsınız
alev bulutlarının taştığı bir iklimden
yağmur olarak yağmak
gündüzü geceye karışmış bu migrenli kulvara
her sabah ağrı kesiciler hazırlamak
kolay mı sanırsınız her sabah siyanürlü bir kente
oksijen tüpleri dağıtmak

öyle ya bir karede toplanmalı yaşananlar
ülkem ilacını yitirmiş bir eczane
bin asır kadar uzun bir hayat:
sonra işte elveda
temmuz delisi bir sıcak, ikindi sonrası: Karşıyaka.

DIE APOTHEKE OHNE MEDIKAMENTE

Zur Erinnerung an Olcay Seles...

Mein Land ist mit seinen Menschen auf den Beinen
die es mit Applaus verabschiedet hat
Mein Land ist mit seinen jugendlichen Toten in Trauer...

Es ist nicht so einfach
Aus einem hellen Fenster aus zu erscheinen
In einem Klima der Flammenwolken
Als Regen auf die Erde zu fallen
An den Nächten, die in Tage übergegangen sind
Auf Migräne Korridoren
Jeden Morgen schmerzlindernde Medikation vorzubereiten
Es ist nicht so einfach
Jeden morgen in einer chemisch verseuchten Stadt
Sauerstoff - Flaschen zu verteilen

Wie dem auch sei, unter einer Hut muss man das erlebte bringen
Mein Land ist eine Apotheke ohne Medikamente
Eintausend Jahrhunderte langes Leben
Und dann ein Aufnimmerwiedersehen
Eine Juli vernarrte Hitze, an einem Nachmittag: in Karşıyaka.

MÜLTECİ EMRAH

şimdi benim ülkemde aşk
bileklerini parçalamış ergenkız mektubu
salyasümük spikerler ağzında
sekiz sütuna manşet haber
benim ülkemde aşk
engerek yılanının koklaması sukuşunu

nasıl da inkar gelir tarih yazıcılar
yanlış bir karacaoğlanım kendi ülkemde
mülteci bir emrah
dağlarımın koyaklarında yabanıl köroğlu
benim ülkemde aşk büyükkent mağlubu bilbord.

DER FLÜCHTİGE EMRAH

Die Liebe bedeutet in meinem Land jetzt
Ein Abschiedsbrief eines Jungen Mädchens, die ihre
Pulsadern aufgeschnitten hat,
Eine Nachricht im Speichelmund des Sprechers
Auf acht Kolumnen gedruckt
In meinem Land bedeutet die Liebe
Das riechen der giftigen Natter den Wasservogel

Wie sehr verleugnen es die Geschichtsschreiber
Bin ein falscher Karacaoglan in meinem Land
Ein flüchtiger Emrah
Auf den Hügeln der Berge ein wilder Köroglu
In meinem Land bedeutet die Liebe,
Großstadtbesiegter Bilbord...

HAL VE GİDİŞ

beni hoşçakal gibi düşün sevdiğim
bütün cephelerde muzaffer, aşka yenik komutan
beni selsularına kapılmış kağıt gibi düşün

hangi istasyona uğrasam yanlış makastayım
hangi kavşağa varsam sola dönüş yok
beni akşam gibi düşün sevdiğim
kükürt dumanına teslim erzurum gibi
beni diyarbakır gibi düşün sevdiğim
cezalı bir şairin surlara asılması gibi

ömrüme vurulan çentiklerle geçiyor ergenliğim
her salı gözaltındayım her perşembe vukuat
cuma karakol avluları
beni müebbet aşık düşün sevdiğim.

STAND UND GANG DER DINGE

Gedenke mich als ein Lebewohl, meine Liebe
An allen Fronten als Sieger, bei der Liebe ein besiegter Kommandant
Gedenke mich als ein Stück Papier
Der vom Sturmwasser erfasst wurde

An welche Bahnlinie ich auch ankomme, bin ich am falschen
Bahnsteig
An welche Kreuzung ich auch ankomme, gibt es keine
Einfahrt nach links
Gedenke mich wie der Abend, meine Liebe
Wie die Stadt Erzurum, die widerstandslos dem Schwefel ergeben ist
Gedenke mich wie die Stadt Diyarbakır, meine Liebe
Wie das Aufgehängtsein des bestraften Dichters
An den Festungsmauern der Stadt

Meine Jugend vergeht mit Kerben des Schicksals auf mein Leben
Jeden Dienstag bin ich in Haft, jeden Donnerstag ein Vorfall
Freitags bin ich auf der Flur der Justiz
Gedenke mich als ewig Liebender, meine Liebe.

Onuncu yıl marşı gibisin aşkımın
Kırkıncı yılında yine o tazelikte

*

Wie der Marsch des zehnten Jahrestages meiner
Liebe bist du
Im vierzigsten Jahr noch immer in derselben Frische

NİCEDİR

varsam gözlerinin aydınlığında
gizlice
kıyamam incinirsin
kirpiklerim değince

alfabeyi çoktan tüketmiş sözcük fukarasıyım
bir bilsen
gülüşün ömür uzatır
serhadden beri gelsen.

okul çocukları gibiyim zil sesi duyunca
sevinç tarlasına dönüşür ellerim
koşarım ta uzaktan
adımım sessizcedir.

boynun adının baş harfi
bir kuğu endamında
hangi yandan çırpınsam incedir.

özlerim bir ses gelsin senden
kırılsın şeytanın ayağı nicedir...

ZU LANG IST ES HER

Würde ich heimlich
Das Licht deiner Augen erreichen
Würde ich es nicht übers Herz bringen
Dich mit meinen Wimpern zu berühren
Du könntest zerbrechen

Bin ein Bettler des Wortes, der das Alfabet seit langem
aufgebraucht hat
Wenn du wüßtest
Dein Lächeln verlängert das Leben
Wenn du doch von der Grenzlinie herüber kämest...

Bin wie die Schulkinder, wenn ich eine Klingel höre
Meine Hände wandeln sich in Freudenfelder
Ich laufe von Weitem
Meine Schritte sind leise...

Dein Hals ist der Anfangsbuchstabe deines Namens
In der Gestalt eines Schwannes
Von welcher Seite ich auch um mich herumschlage
Ist es fein...

Ich sehne mich nach einer Stimme von dir
Lass mich nicht länger im Unglück versteifen
Zu lang ist es her...

BİR YENİYIL KARŞILAMASI

yeni renkler keşfetmeyi öğrendim
yeni ülkeler haritada
saçlarına dokunmak kadifenin başka rengi
maviyi başka öğrendim gözlerinden örneğin
yolları uzun hesaplayışım, akşamı erken edişim
yol işaretlerini ezberlemem de ondandır
yeni renkler keşfetmeyi öğrendim yeni haritalar
        aşk vizesini aldığım tek ülke.

senin orada o arnavutkaldırımlı kentte
saat kulelerine asılı kalan akrebim
gözlerinin mağmasında tenine düşen yelkovan
hangi ayarı vursa zaman
benim büyüyen yaralarımdır sesimi dağlayan

NEUJAHRSEMPFANG

Habe gelernt neue Farben zu entdecken
Neue Länder auf der Karte
Deine Haare zu berühren ist die andere Farbe des Samtes
Das blaue habe ich anders gelernt von deinen Augen beispielsweise
Deswegen rechne ich die Wegstrecken als zu lang,
Und den Abend als zu früh
Auch die Strassenschilder lernte ich deswegen auswendig
Habe gelernt neue Farben zu entdecken, neue Landkarten
Die Liebe ist das einzige Land, das mir ein Visum ausgestellt hat.

Ich hänge an dem Zeiger der Standuhr
In der Stadt mit Flasterwegen, wo du lebst
Im Magma deiner Augen bin ich der Minutenzeiger,
der auf deine Haut fällt
Welche Stunde auch die Uhr schlägt
Wachsen meine Wunden, meine Stimme gerät in Kummer.

iki bayram arası biriktirdiğim yolculuklara devam
nasıl olsa bir sabahçı kahvesinde karşılıyorum günü

berber aynasını hatırlayan
usturadan sanıyor yüzümdeki yarayı
görmüş geçirmiş kabadayılara kalırsa
şehrin göbeğine bıçkın imzam sayılır

hangi eşiğe varsam sağ ayağımla giriyorum içeri
yarım tıbbiyeli ben
bütün doktor reçetelerini unutup
annemin dualarına inanıyorum.

Zwischen zwei Festen geht die eingesparte Reise weiter
So oder so wird der Tag in einem Cafe empfangen

Wer an den Frisierspiegel sich errinnert, glaubt
Dass die Wunde auf meiner Wange von einem Rasierklingel stammt
Die erfahrenen Flegel und Matschos der Stadt dagegen
Zählen meine Wunde als die Unterschrift an den Nabel der Stadt

Bei jeder Haustüre gehe ich mit dem rechten Bein hinein
Und als halb Mediziner vergesse ich alle Arztrezepte
Und glaube an Mamas Gebete...

ÜLKEM ÖLÜM ORUCUNDA

ve deyin ki ben bir su idim
çağlayandım, ellerinin ateşine yanmış gül idim
ah! yüzleri türkiye haritası çocuklar
deyin ki ben bir baba idim
sakladım gözyaşlarımı ölüm haberleriyle
ağladım her gün yeni bir
her gün yeni bin ölümlere

- ülkem ölüm orucunda.

MEIN LAND AUF TODESHUNGERSTREIK

Man möge mir nachsagen, ich war eine Quelle
Ein Wasserfall, eine Feuerblume in deiner Hand aus Sensucht
Ach! Kinder meines Landes mit Gesichtern türkischer Landkarte
Man sage mir nach, ich war ein Vater
Der seine Tränen versteckte bei Todesmeldungen
Jeden Tag habe ich geweint für einen
Jeden Tag für tausend Tote

- Mein Land auf Todeshungerstreik.

SEVİNÇ

örneğin sokağın başında görmek seni
ayak hışırtını duymak
hiç olmadık bir zamanda, sabahın yedisinde yani
beşer-onar iniverip merdivenden
ne çok güzelsin cancağızım demek
bir ikindi vaktinde acelesiz yudumlamak çayı.

FREUDE

Beispielsweise dich am Anfang der Strasse zu sehen
Die Stimme deiner Schritte vom Weiten zu hören
In unmöglicher Zeit, etwa um sieben Uhr morgens
Mit fünf-zehn Schritten die Treppe hinunter zu laufen
Um dir "wie schön bist du, mein Schatz!" sagen zu können
An einem Nachmittag den Tee in Ruhe auszutrinken.

günün en kalabalık saatinde örneğin
en işlek caddesinde o yeşil bankta bulmak seni
bitmeyecekmiş gibi çevirmek
sayfalarını en sevdiğim romanın
yaşar kemal'le tırmanmak ağrı dağına
van gogh'la ayıklamak ayçiçeklerini
o sarı okyanusun içinden
yürümek çorlu'dan kapıkule'ye kadar

bütün kışla duvarlarını yıkmak
mektupları görülmemiştir diye okumak örneğin.

In der überfüllten Stunden des Tages beispielsweise
Auf der dichtesten Strasse Dir zu begegnen, auf der grünen Bank
Die Seiten meines Lieblingromans so zu blättern,
Als würde es nie enden wollen
Mit Yaşar Kemal den Berg Ağrı zu besteigen
Mit Van Gogh die Sonnenblumen auszulesen
Durch den gelben Ozean zu wandern von Çorlu bis Kapıkule

Alle Wände der Kaserne einzureißen
Die Briefe unbemerkt zu lesen, beispielsweise.

UÇURTMALAR ÇOĞALTMAK

gölgelerin sessizliğine sığınıp
kağıttan gemiler çoğaltıyorum
kara bulutları kovsunlar diye
uçurtmalar çoğaltıyorum yurdumun gökyüzüne

DRACHEN VERMEHREN UND STEIGEN LASSEN

Geschützt in der Einsamkeit der Schatten
Vermehre ich Schiffe aus Papier
Damit sie die schwarzen Wolken vertreiben
Vermehre ich Drachen und lasse sie in den
Himmel meines Landes steigen.

ECEVİT DOLARI

benim memleketimin bir yanında
her hata bir çocuktur
bir yanında eğimi düşer diye memelerin
emzirilmez çocuklar
yirmibirinci yüzyılda
kendi cennetimizde cehennemle kardeşiz yani

sonunda ekonomi literatüründe
matematik bizi geçti
ecevit dolarını da tanıdık.

DER DOLAR VON ECEVIT

Auf der einen Seite meines Landes
Ist jeder Fehler ein Kind
Auf der anderen Seite werden Kinder nicht gestillt
Damit die Busen nicht hängen mögen
Im einundzwanzigsten Jahrhundert
Sind wir also in unserem Paradies mit unserer Hölle verbrüdert

Am Ende hat uns die Matematik überholt
In der Literatur der Wirtschaft

Wir haben auch den Dolar von Ecevit kennen gelernt.

MEMUR-U ENDAM

uykulu gözleriyle yapıştırıp yüzlerini
otobüs camlarına
şehrin en ölü saatlerini yaşar onlar
ölgün bir sabahı solurlar
en çok aşlarını düşünürler / düşünmezler işlerini
yeniçerilikten moda tencere tava orkestrası
çoğun yaz ayını seçerler bunun için

SCHÖNGEBAUTES BEAMTENTUM

Mit schläfrigen Augen hängen sie ihre Gesichter
An das Fenster des Omnibusses
Sie sind diejenigen, die die stillsten Stunden des Tages erleben
Sie atmen einen toten morgen
Am meisten denken sie an ihr eigenes Brot /
sie denken nicht über ihre Arbeit nach
Ein Orchester aus der neuen Yeniçerizeitmode aus Töpfen und
Pfannen
Am meisten wählen sie dafür die Sommerzeit

sinema, opera, bale, tiyatro: ağlamaklı olur yüzleri
yeni ödemiştir araba taksidini
dibfirizli buzdolabının, yazlık evin
ezbere bilirler müdür beyin kırıklarını
çoğunun bozkır tarlasıdır yüzü
ve elbette harita çoğu için, türkiye

en aşina geç saat
ya dokuz altıdır hayat ya beş sekiz
ömür ki bu kadar sade bu kadar bayat
ülkem yarım milyon memur'u endam.

Kino, Oper, Balett, Theater: lassen sie weinen
Die Rate für das Auto hat man neulich gezahlt
Auch die des energiesparenden Kühlschrankes und des
Sommerhauses
Auswendig kennen sie die Mängel des Direktors
Eine kahle Landschaft ist das Gesicht der meisten
Und selbstverständlich ist die Karte für die meisten von ihnen,
die von der Türkei

Die späteste Stunde des Lebens
Ist entweder neun Uhr sechs, oder siebzehn Uhr fünf
Ein Leben so schlicht und so verdorben
Mein Land besteht aus eine halbe Million schöngebauten
Beamten...

VEFA

vefa diyorsan / yurdumun erken emeklisi
gurbete gönderdiği işçi o
şimdi kendi adını hecelemekte.

TREUE

Wenn du von der Treue sprichst / du der Frührentner
meines Landes
Er ist der nach Ausland verschickte Arbeiter
Jetzt buchstabiert er seinen eigenen Namen...

İLKYAZ GELMİŞ

bereketi çoğaltan bal rengi gözlerin
bir de ufkumu büyüten aklın
nasıl da yetişir günü dar bir zamana
benim her büyümemde emeği olan kız
toplamış da doğduğum yerlerin şafağını
ilkyaz gelmiş

yurdum şimdi bahar açmış çiçek seli
şimdi ülkem bütün pencerelerinde yağmur çisesi

FRÜHJAHR İST GEKOMMEN

Deine honig farbenen Augen, die die Fruchtbarkeit vermehren
Und dein scharfer Verstand, der mein Horizont erweitert
Wie wunderbar erreichst du mich gerade in der Klemme
Das Mädchen, dem ich mein Wachstum verdanke
Hat die ganze Morgendämmerung meines
Geburtsortes eingesammelt
Das Frühjahr ist angekommen

Meine Heimat ist jetzt im Frühling, ein Blumenmeer
Jetzt ist mein Land an allen seinen Fenstern ein Sprühregen...

SULARI ISLATAN MECNUN

şimdi ben umulmadık kalabalıklarda yalnız
en beklenmedik anlarda tetikteyim
bütün telefonlarım heyecan
postalarım sevgi yüklü
nedendir/nedendir diye sorma
gözlerinin karasında uçmuşum sonsuzluğa
günleri çalınmış azap ortağıyım
suları ıslatan mecnun.

bir gelgit kuşuyum enlemi ve boylamı bilinmez
konuşsam sözcükler hırpalar, sussam suskunluğum
bütün dalgalarıyla hırçın,
kumsallarıyla dingin bir deniz

ömrüm ilkyazın gözleridir / yarını gören

MEERE BEWEINENDE ROMEO

Jetzt bin ich in unerwarteten Zeiten unter der Menge der Einsame
In unerwarteten Augenblicken auf der Hut
Alle meine Telefonate sind aufregend
Meine Post voller Liebe
Warum und weshalb, frag mich nicht
In dem schwarz deiner Augen flog ich in die Unendlichkeit
Der Sorgenträger, dessen Tage gestohlen sind
Meere beweinende Romeo.

Ein Wandervogel, dessen Koordinate ungewiss sind
Würde ich reden, prügeln mich die Worte,
Würde ich schweigen, wäre mein Schweigen
Mit all´ seinen Wellen Launenhaft
Mit ihren Stränden ein stilles Meer

Die Augen des Frühjahres ist mein Leben /
die den Morgen voraussehen.

YALNIZLIK KİTABESİ

bilirdim bütün falcıların yalancı
aşkların inkarcı olduğunu
gözlerim de yoruldu / ömrümü seyretmekten

leylekleri fotoğraftan seyrediyor çocuğum
kendini görse aynada elini ürkerek uzatıyor
belgesellerin bu kadar ilginç olması ondan
eve yorgun dönen babaya dönüşmüş hepsi
sırtlarında taşımaktan korktukları okul kitapları

çizgiye dönüşse gözyaşın dünya sele boğuluyor
herkes belediye başkanına buluyor suçu
aynı coğrafyayı betonlaştırıyor
attığımız her izmaritten
yonttuğumuz kavak dalından
ağaçtan, börtü böcekten habersiz
ödenmez bir ah'ın günahını taşıyoruz

DAS BUCH DER EINSAMKEIT

Ich wußte schon immer, dass die Wahrsager Lügner sind
Und die Liebe stets verleugnend
Meine Augen sind auch ermüdet / von der Beobachtung
dieses Lebens

Die Storche schaut sich mein Kind aus den Fotos an
Seinem Spiegelbild reicht er seine Hand beängstigt
Daher erscheinen alle Dokumentarfilme interessant
Alle gleichen dem Vater, der ermüdet nach Hause kommt
Auf ihren Rücken ihre Schulbücher, die sie zu tragen fürchten

Die Welt wird vom Sturm erfasst, wenn nur einpaar Tränen fallen
Jeder beschuldigt gleich den Bürgermeister
Betonieren wir die gleiche Geographie
Von jeder weggeschmissenen Zigarettenkippe
Von jeder geschnitzten Pappel
Von Bäumen, Insekten und Ameisen ahnungslos
Tragen wir allesamt die Schuld des Unbezahlbaren...

sırtını rüzgara vermiş ömrün ortasındayım artık
gölgeyi kendine saklayan söğüt ağacı
sular ki buharlaşır kurur her yanım
attığım sapanla kendimi vuran ben
şimdi ormanımda yalnız ardıcım.

fincanlarla kadınların
kahveyle gerçeğin yerini değiştiren aklım
sana da elveda diyor gönlüm
bir ısparta gülü kadar beyaz
emirdağ türküsü kadar yalnız.

Mit den Rücken an den Wind, stehe ich in der Mittes des Lebens
Bin die Weide, die den Schatten für sich behalt
Und die Gewasser verdampfen, es herrscht
Trockenheit um mich herum
Den Schleuderstein richte ich nach mir selbst
Nun bin ich in meinem eigenen Wald der einsame Wacholder.

In den Tassen die Frauen
In der Kaffe die Wirklichkeit vertauschende Verstand
Dich will ich auch verlassen
So weiss wie eine Ispartarose
Und so einsam wie ein Emirdaglied.

O ŞEHR-İ EDİRNE

bir baştan bir başa yürüyüp sokaklarını
o kenti ben yıldızlarla sevişen neşesinden tanırım

sinan ki aşkın en büyük anıtı
taşı konuşturan müzisyen
ufkumu kuşatır selimiye
katletmeye kalkışsa da obur yüzleriyle
'müteahhit' karneli 'mimarlar'
sinan aşkın en büyük anıtı

JENE STADT EDIRNE

Von einem Anfang bis zum anderen Ende spazierend auf ihren
Strassen
Erkenne ich diese Stadt von der Art,
wie sie sich mit den Sternen vergnügt

Sinan, der größte Denkmal der Liebe
Der Musiker, der den Stein zum Sprechen brachte
Mein Horizont umringt selimiye
Auch wenn habgierige "Bauherren" und "Architekten"
Mit Zeugnissen es vernichten wollen
Sinan bleibt der größte Denkmal der Liebe

yürümekten yorulmadığım sokaklar
tren istasyonları
ne zaman 'allahu ekber' sesi duysam
buğulanır gözlerim kendi yurdumda / efkarlanırım.

kentler de küser suskunluğuna gömülüp aşkların
kıyık, kendi mahzunluğunda / karaağaç öyle soylu
camına dayayıp göğsümü
buharlaşmış bir günü solurum.

şimdi titrek konuşmalarım
efkarlı gözlerimle çay salonları ararım
akşamı geç bulacak bir saat
hâlâ kızını kovalayan bir baba
ben şimdi edirne'yi yeni
ben şimdi edirne'yi sende tanıyorum

Strassen die ich unermüdet laufe
Bahnhöfe
Wann immer ich "Allahu Ekber" höre
Kommen mir Tränen in die Augen in meiner Heimat / werde betrübt.

Auch Städte leiden und versinken im Schweigen der Liebe
Verdrückt, in der eigenen Trauer / Karaağaç (Eisenbahnstation) so adelig
Meine Brust lehnend an mein Leib
Atme ich einen verdunsteten Tag.

Jetzt zittert meine Aussprache
Mit leidvollen Augen suche ich nach Teehäusern
Stunden, um den abend zu verlängern
Noch immer ein Vater, der seine Tochter verjagt
Ich kenne erst jetzt Edirne
Ich kenne erst jetzt Edirne durch dich, meine Liebe.

bereketli sözler fısıldarsın her seferinde
her seferinde narin bir kımıldayışla
'hoşça kal' deyip
o şehr-i edirne'de gurbetim olursun.

sen öyle uzaklarda öyle bensiz
en kuytu köşesinde o serhat şehrin
lakin dönüversen yönünü birazcık
ahtım var ışıtan gözlerinden yağmuru yağdırmaya

bitmese gün olmasa akşam
okyanusunda boğulsam
sesin penceremde asılı

Fruchtbare Worte flüsterst du jedes mal
Jedes Mal sagst du mit einer feinen Bewegung
"Bleibe wohl!" zu mir
Und wirst in der jenen Stadt Edirne mein Fernweh.

Du, so in der ferne, so ohne mich
In der entlegenen Ecke der Grenzstadt
Wenn du doch etwas dein Gesicht umdrehen würdest
Geschworen habe ich mir, aus den strahlenden Augen den
Regen zu erzeugen

Wenn doch der Tag nicht zu Ende ginge
Und nicht Abend würde
Wenn ich doch in deinem Ozean ertrinken würde
Deine Stimme an meinem Fenster hängend.

seviyorum yürüyüşünü
gökyüzünün en parlak yıldızı
nasıl da güzelleşir el attığın her şey
bütün martıları havalanır gibi marmara'nın
senin balkan gözlerinden bir anadolu gülümser
başağına doymuş buğday tarlası ovalar
içimde esrik bir ırmaktır tunca
meriç ayak izlerimi kovalar

şimdi karaağaç'tan havalansa selamın
bulvarları taşar bütün metropollerin
aydınlıksın gibi değil aydınlık
seviyorum parıltını.

Ich mag deinen Gang
Der hellste Stern des Himmels
Wie schön wird doch alles, was du anfaßt
Als ob alle Möven von Marmara in die Lüfte steigen
Aus deinen Balkanaugen lächelt ein ganzes Anatolien
Ein Weizenfeld füllt sich mit Ähre
Tunca ist ein benommener Fluss in mir
Meriç folgt meinen Fußstapfen

Wenn doch jetzt dein Gruß von Karaağaç flöge
Die Boulevards der Metropolen würden überlaufen sein
Die Helligkeit ist nicht die Helligkeit von dir
Ich mag deine Strahlen.

DİYAR-I AMASRA

ay, parıltısına yenik
ömrüm taze baharındadır
ölüm kendini unutmuş
kale burçlarına gizlenen dalga sesleridir
yıldızlar ki koyağına çekilmiş
deniz akşamın çılgın korosu
sesini türkülemekten korkmayan
yorgun kaldırımlardır

deniz ki rengini almış dağdan
dağ ki kokusunu denizden
ve bil ki çeşm-i cihandasın,
gecedir, lacivert bir gül hükmündedir aşk
sırrını vermekten korkma,
amasra bütün çılgınlığıyla bizden.

AN DEM ORT AMASRA

Dem Mondschein unterlegen
Im frischen Frühling ist mein Leben
Der Tod hat sich selbst vergessen
An der Bastion der Festung verstecken sich die
Geräusche der Wellen
Die Sterne unter dessen
Haben sich in ihre Ecke verzogen
Das Meer ist ein verrücktes Orchester in ihren Klängen
Die ermüdeten Bürgersteige sind es
Die einem ohne Angst Lieder vorsingen

Berge haben ihre Farben dem Meer verliehen
Und das Meer ihren Duft an die Berge
Wisse nur, hier sitzt du an dem Lebensbrunnen
Es ist gerade Nacht, die Liebe steht unter der
Weisung einer dunkelblauen Rose
Hab´ keine Angst dein Geheimnis preiszugeben
Amasra zählt zu uns
Mit ihrer ganzen Verrücktheit heut´ Nacht.

ÇIĞLIK

şimdi ufkuna haylazlıklar çizmiş
bir çocuğun gözleridir ömrüm
bütün gemilerini en dingin sularda batırmış
kaptan-ı derya

çiçeklerin adlarını saymayı unuttum
iskemle üzerinde yirmiüç nisan şiirleri okumayı da
babam kekeme bir oğlu olmakla övünmeyecek
böylece
böylece kaçıp gitmeyecek
trompet uğultusuna kaptırdığım çığlıklar

DER SCHREI

Das Leben geleicht jetzt den Augen eines Kindes,
Das alle Frechheiten in seine Horizonte verschrieben hat
Gleich einem Kapitän, der alle seine Schiffe auf den Meeren
versunken hat

Habe vergessen die Namen der Blumen aufzuzählen
Und auch auf einem Hocker Gedichte für den dreiundzwanzigsten
April zu lesen
Mein Vater wird jetzt auch nicht mehr auf seinen stotternden Sohn
stolz sein können
Auf diese Weise
Auf diese Weise werden
Meine Schreie, die ich unter dem Trompetengeräusch von mir gab,
Nicht fliehen können.

martılar
ah! o mavi suların hasretiyle
gövdesini döven kanatlar
istanbul bir borsa envanterinin sevincidir / yazık!
kredi kartları, tahviller, döviz hesapları
içi boşaltılmış bankalarla çoğalan
cellatlar diyarı memleket.

kumsalı döven dalgalar yok artık
-poşetler, kola kutuları, zerzavat
gözlerini soğuk bir ülkeye çevirmiş mariya da
kartpostalları büyütüyor bütün coğrafyacılar
ağlayamamak / kendi öksüzlüğümüzdendir
bu kalabalıkta yalnızlaşmak.

Die Möven

Ach! Jene Flügel, die mit der Sehnsucht des blauen
Wassers schlagen
Istanbul ist jetzt die Freude eines Börseninventars / wie schade!
Kreditkarten, Obligationen, Devisenkonten
Von innen entleerte Banken, ihre Anzahl im Steigen begriffen
Land von Henkern ist die Heimat geworden

Die Wellen, die den Strand berühren, existieren nicht mehr
- Tüten, Cola Dosen, Gemüsereste
Auf ein kaltes Land hat sich das Gesicht der Maria gewandt
Die Geographen vergrößern die Postkarten
Das wir nicht weinen können / liegt an unser eigenes Verwaistsein
Diese Einsamkeit in der Menschenmenge.

ZEHİR

gün ki olmadık zamanlarda akşam
olmadık zamanlarda gece

yol yorgunu iş yorgunu kadınlar
zehrini kendine aktaran akrep

DAS GIFT

Der Tag in unmöglichen Zeiten der Abend
In unmöglichen Zeiten die Nacht

Frauen ermüdet von Wegen, ermüdet von der Arbeit
Skorpione, die ihr Gift an sich selbst übertragen.

DELİRMİŞ BİR YALNIZLIKTIR KALBİM

ıslık çalıp gözleriyle zülfünü yüzüme döndüren kadın
güneş parıltısı ellerini düşürdün günüme
dokunuverse saçların ömrüm yitirir yalnızlığını
bir çalıversen kapımı biter kimsesizliğim

çayı sevdim
sever çayı bir matematik sorusunu çözer gibi
amatör balıkçıyım boşa çıkar oltalarım
titrer ellerim yüreğim titrer
yine yedeğini yitirmiş sözüm
aman bitmesin gün derim
çekilmesin güneş penceremden
yoksa sensiz ve sessiz bir akşamı kalır ankara'nın

EINE DURCHGEDREHTE EINSAMKEIT IST MEIN HERZ

Du, die Frau, die pfeifend ihr Gesicht zu mir gedreht hat
Hast deine Sonnenscheinhände in meinem Tag vermischt
Bei einer Berührung deiner Haare verliert das
Leben seine Einsamkeit
Wenn du nur an meiner Tür klopfen würdest
Würde diese Einsamkeit aufhören

Trinke gerne Tee
Wie eine mathematische Aufgabe zu lösen
Ich bin ein Amateurfischer, dessen Angelhacken leer bleibt
Zitternd meine Hände, zitternd mein Herz
Schon wieder hat das Wort das gegessene verschlungen
Der Tag soll nie zu Ende gehen, wünsch´ ich mir
Und die Sonne soll nicht aus meinem Fenster vergehen
Weil sonst ohne dich ein stiller Abend von Ankara übrig bleibt.

ayak hışırtısını duysam yağmurlanır toprağım
bereketi artar sözün sohbetin

gitmesen desem, gitmesen bırakıp böyle bir başına
bırak kumsalları yorgunlar kuşatsın
aşk büyük yalnızlıktır bilesin
bir gözlerin anlar bunu.

Würde ich das Rascheln deiner Schritte hören
Würde auf meine Erde der Regen fallen
Das Wort und die Unterhaltung
Wäre auf einmal fruchtbar geworden

Würde ich dir sagen, gehe nicht,
Lasse mich nicht so Mutterselen allein
Lass die erschöpften die Strände belagern
Die Liebe ist die große Einsamkeit, wisse nur
Nur deine Augen können dies´ verstehen.

DİLEK

sana bir çiçek versem
kaldırıp gözkapaklarını
bağışlar mısın o mavi ülkeyi
ömrümü versem sana

sesim nasıl da dirilir adını hecelemekten
bütün uzun yolculukları ardıma alır da
göğsünün aydınlığına gömülürüm

şimdi o daracık sokaklı kenti
o serhat kaldırımları dolaşıp bir baştan
bütün vizeleri yırtıp
gözlerinin limanına sığınıyorum.

DER WUNSCH

Wenn ich dir eine Blume geben würde
Würdest du deine Augenlider hochheben
Und mir jenes blaue Land verschenken
Würde ich mein Leben dir geben

Auferstehen würde meine Stimme
Vom Buchstabieren deines Namens
Alle langen Wegstrecken hinter mir lassend
Würde ich im hellen Schein deiner Brust untergehen

Jetzt wandere ich durch die Stadt mit engen Gassen
Auf jenen Steinflastern spazierend
Und zerreise alle meine Visums
Und suche Schutz in dem Hafen deiner Augen.

İÇİNDEKİLER

INHALTSVERZEİCHNİS